烏托邦將會有許許多多的單車道。

——威爾斯（H. G. Wells），《現代烏托邦》（*A Modern Utopia*），一九〇五

6 哥本哈根症候群——

丹麥・哥本哈根

走訪歐洲讓我心生自卑。我的自卑感與宏偉的建築、畫廊或是製作精巧的乳酪都沒有關係，純粹只是因為在歐洲大陸上搭乘高速鐵路網的體驗。我滿心希望自己能是歐洲人，因為歐洲人享有的交通運輸如此舒適、平價又快速。

現在，西班牙有一種速度比飛機更快的列車。車頭猶如鴨嘴獸的西班牙高速列車（AVE），從巴塞隆納行駛到將近四百英里外的馬德里只需兩個半小時。同樣的旅程要是搭乘噴射機，連同機場轉車與安檢通關的時間在內，至少要三個小時。（我搭過西班牙高速列車。這種列車行駛起來極為平穩，即便在接近每小時兩百一十五英里的極速之際，我放在摺疊桌上的那杯里奧哈紅酒〔Rioja〕還是幾乎沒有波紋。）在歐洲，只要是搭機三小時以內能抵達的短程市際運輸，都已是高速列車的天下。西班牙在過去幾年間已經鋪設了一千兩百英里的高速軌道，而且這個數字預計在二〇二〇年前將成長五倍，屆時百分之九十的人口都將住在高速鐵路車站的三十英里內。在德國，子彈列車的平均時速達一百五十英里，在柏林與漢堡、法蘭克福與斯圖加特以及不萊梅與科隆等大城之間更是幾乎完全取代了飛機。相形之下，北美洲最快的列車速度勉強也只能達到每小時八十八英里。在運輸方面，舊大陸與新大陸之間已產生一道龐大的落差。看看我們那些老舊的高速公路與經常誤點的柴油火車，我們簡直還活在驛馬車時代。

我從巴黎前往哥本哈根，在這趟長達一千英里的旅程上，我再次感受到陸上旅行可以是多麼愉快的事情。一天早上，我在近午之際才從左岸的旅館退房，拉著行李繞過轉角來到地鐵站，搭車至東站（Gare de l'Est），買了一張法國子彈列車TGV的高速列車車票。我有許多班次可選：當天開往史特拉斯堡的列車共有十九班，下一班車在十分鐘內就會發車。我在餐車裡排隊買了個可頌，接著就在二等車廂的斜躺座椅上沉入夢鄉。發車之後兩小時又二十分鐘，我們就駛入史特拉斯堡車站，只誤點了一分鐘，也就是說列車平均時速達一百零五英里。（下一代的法國子彈列車目前已開始產製，極速將達每小時兩百二十三英里。）我把行李塞進投幣置物櫃之後，便出外探索大島（Grande Île）——亦即這座城市的中世紀核心區域，是個卵形的島嶼，島上滿是尖屋頂、木材建築正面與教堂尖塔，環繞在萊茵河一條支流的兩條河道之間。

史特拉斯堡是歐洲議會的所在地，也是一塊橫跨德法邊界的區域當中的活動中心，區域內的人口數將近九十萬。在那個週六下午，感覺似乎所有人都決定一齊湧入市中心。在禁止汽車通行的克雷貝廣場（Place Kléber）上，工人正忙著架設看台，準備當晚一支搖擺爵士大樂團的演出，藉以慶祝史特拉斯堡得到盟軍解放的週年紀念日。史特拉斯堡的居民在晚秋的寒風中裹著毛衣與圍巾，排隊購買烤栗子與沙威瑪，或是純粹坐在噴泉邊，享受最基本的人類樂趣——觀看其他人。有些人顯然是開車來的——在少數幾條街道上，汽車駕駛人緩緩穿行在行人之間——但大多數人都是從低斜車頭、樣貌令人難忘的電車裡湧出。每條大街上似乎都可見到這種電車的身影。

二十年前，史特拉斯堡的市中心污染相當嚴重，而且擠滿汽車；每天平均會有五萬輛汽車穿越克雷貝廣場，導致這座城市的主要廣場淪為極少有人願意逗留的地方。社會主義色彩的市議會擔心引發市中心沒落與人口外移市郊的惡性循環，於是投票決定重新啟用在一九六〇年廢止的電車路線。（商人與保守派議員偏好地鐵，但地鐵的每英里興建成本是重新啟用電車的四倍。）將若干街道劃為行人步道之後，他們開始鋪設單車道的路網，但也對商店經營者有所讓步，在市中心邊緣興建地下停車場。這項策略產生了效果。現在，進入市中心區的汽車比起一九九〇年已少了百分之三十，六條電車線的軌道總長三十五英里，每天載運的乘客達三十萬人次，市中心也因此顯得欣欣向榮。

我在和平大道（Avenue de la Paix）搭上E線電車。這條線經過歐洲議會大樓，那是一幢羅馬競技場形狀的建築，由玻璃與鋼筋構成。電車由上方的電線取得動力，沿著街道中央滑行前進，接著再駛上一條位於植滿青草的安全島上的專用道，整班列車猶如一條步履謹慎沉重的蜈蚣。電車行駛起來相當平順，由艾斯敦（Alstom）與龐巴迪（Bombardier）生產的車廂不但有寬敞的空間與大窗戶，低底盤的設計又讓電車地板與人行道高度幾乎相同，因此父母皆可將掛著購物袋的嬰兒車輕易推上電車。這班車的行駛速度快得出乎意料，證明了街車的確可以是一種快速又有效率的都市運輸工具。一九二〇年代以前的美國城市其實很清楚這一點——當然，前提是必須在軌道沒有被汽車占據的時候。最重要的是，電車的存在表達了一種立場。這種氣勢懾人的車輛行駛在狹窄的街道當中，便宣告了它在市中心地區的支配地位。史特拉斯堡雖然沒有明言禁止汽車，卻把開車進入市中心變成一件不方便又代價高昂的事情。一張不限搭乘次數的電車一日票，價錢比起在市中心停車兩小時還便宜。現在，市郊居民都把車停在出示電車票即可免費停車的泊車換車站，再搭乘電車進城。史特拉斯堡的電車革命也吸引了遊客前來，是這座極為迷人的市中心得以振興的主要功臣。

當然，沒有多少城市能像史特拉斯堡這樣三千年來都持續有人聚居，也沒有多少城市擁有那麼密集結實的中世紀市中心。（美國的沙加緬度、夏洛特、丹佛及其他十幾座中型城市都構築了現代輕軌路線，並且有更多城市都擁有適宜步行的市中心，大可獲益於復興街車的做法。但這些城市卻都未能像史特拉斯堡那樣，將鋪設軌道與限制汽車的政策結合起來。）不過，我聽說此處往南數百英里的地方，在德國境內的萊茵河畔，還有另一項野心更大、而且堪稱更具普遍適用性的都市變革：弗萊堡（Freiburg）的居民宣稱打造出世界上第一座無車的市郊。

我搭上一輛兩節車廂的接駁列車，來到奧芬堡（Offenburg），接著到另一月台轉搭城際快車，在黑森林中穿梭半小時之後，便在弗萊堡的火車站下車。一九四四年的一個夜裡，英軍的蘭開斯特轟炸機在這裡投下了兩千噸的炸彈，將弗萊堡市中心夷為平地，惟獨哥德式尖塔構成的大教堂倖存下來。不過，這座市中心很快就得到重建，並且是以德國人那種一絲不苟的方式，按照中世紀的街道藍圖重建而成。我把行李放在旅館之後，就在凱撒約瑟夫大街（Kaiser-Joseph-Strasse）上搭乘三號電車，前往那座顛覆都市交通定義的市郊地區。

即便就德國而言，福邦（Vauban）也實在「綠」得太令人側目了，甚至綠得有點滑稽。環保朝聖人士都到這裡造訪向陽屋（Heliotrop）——這是一棟圓柱形的房屋，有如向日葵一樣迴旋以捕捉陽光。我穿越曾經標誌弗萊堡市界的十三世紀收費站之後，第一眼看見的是「太陽船」，這是一座長達一個街區的商業建築群，一樓的店面當中有一家藥局暨有機雜貨店，屋頂上鋪有光電電池。在鄰近一座長滿松樹的山丘頂上，十幾具風車正懶洋洋地轉動著——那些風車的轉動速度受到限制，以免傷及黑森林的蝙蝠。

不過，我並不是來此膜拜福邦的另類能源。我之所以受到這裡吸引，是因為這裡的居民宣稱他們徹底改革了市郊。我漫步在建築物之間，沿著滿是落葉的小徑走過手工打造的遊樂場。這裡滿是四層樓高的建築，有些像是連棟房屋，有些則像小型公寓大樓，各自都隔著青草遍地的庭院對望。這時學校剛放學，父母騎著單車回家，小孩坐在蓋著聚酯纖維布簾的單車拖車裡。我倒是見到一輛汽車緩慢行駛在兩部單車後面：這裡的居民只要願意將行車速度保持在不比步行還快，即可把汽車開到自家門前裝卸物品。

在九〇年代初期東西德統一之前，福邦原是法國的軍事基地，因此其中許多大型建築都是由軍營改裝而來。在一家原為軍營內的食堂、名為「南方」的餐廳裡，身為社區創始者之一的德勒斯克（Andreas Delleske）說明了福邦的生活。

「嚴格來說，」德勒斯克表示：「這裡不算是個無車區。我們還是歡迎有車人士，只是他們如果想搬進來住，就得購買停車位。」九座太陽能停車場散布於福邦各地，大多數距離公寓住宅都不到三百碼。不過，車位的價格高達一萬七千五百歐元。大部分的新進居民都謝絕了這個選項，而把車子賣掉。「我們促成汽車使用率下降了百分之七十。現在，超過三分之二的移動都是靠單車達成的。」

我問德勒斯克：「無車生活有哪些優點？」

「最主要的一點是開支。不擁有車輛，我一個月就能省下四百歐元。孩子可以在路中間玩耍，不必擔心被車撞到。另外還有一項很實際的優點，就是所有人都能在道路上走動，所以我們也不需要人行道。畢竟，人行道的維護也需要花錢。」德勒斯克指出，當地居民又因為自行從事這個地區的開發營造工作，所以又省下更多錢。「我們成立了營造團隊，再雇用建築師興建我們的公寓大樓。建立福邦的不是開發商，而是這裡的家庭。我們因此省下了百分之二十的房價。」

乍看之下，福邦看起來比較像是大學校園裡的教授宿舍村，而不像是我見過的其他市郊住宅區。（德勒斯克指出，弗萊堡的就業人口有百分之十都受雇於當地的大學與醫院。）不過，福邦絕對是一座市郊；這裡距離弗萊堡市中心有兩英里遠，公園和遊樂場的數目遠比北美洲大部分以家庭為中心的市郊地區都還要多。我又花了一天的時間好好認識這個地方，從而開始懂得欣賞這裡的低調魅力。這裡沒有汽車交通的噪音，因此我聽得到鳥鳴，聽得到有人正練習鋼琴音階，也聽得到父母在爬滿常春藤的陽台上叫喚著孩子的聲音。在社區裡的公共麵包磚窯旁，一名身穿緊身田徑服的年輕女子搖搖晃晃地騎著單輪腳踏車；在庭院裡，兒童在黃色與紅色的成堆落葉中玩耍。這裡的人口密度為一英畝四十人，和布魯克林或波士頓那些老舊的連棟房屋社區差不多。不過，由於福邦滿是綠地，因此看起來比較像是費城的栗子山（Chestnut Hill）及芝加哥的河畔區那種綠意盎然的花園市郊。我意識到，只要將市郊裡那些占據土地的車道、車庫、巷道與無尾巷統統去除掉，看起來就會像福邦這個模樣。此外，對於那些宣稱有了小孩之後就得擁有車輛的人，福邦也足以證明這種論點毫無根據。福邦的人口有三分之一都未滿十八歲，而這裡的環境也正是市郊在遭到汽車淹沒之前的理想樣貌：一個可讓兒童不必在父母看顧之下自由玩耍的天堂。

德勒斯克坦言，要是沒有弗萊堡遍及全市的電車路網，在福邦過著無車生活將會是一大挑戰。弗萊堡是德國境內大眾運輸乘客人數最多的城市；而那些結實的小電車多數已使用了三十年之久，在市區內似乎無處不達。此外，城裡的住宅有三分之二距離車站都只有三分鐘的步行路程。不僅如此，電車也可將居民及遊客輕易接駁至城際鐵路，讓沒有汽車的人也能前往歐洲各地。三號電車把我載回了旅館，五號電車讓我在火車站前下車。不到十五分鐘，我就搭上了一班城際子彈列車，才六個小時就橫跨五百英里的距離抵達柏林。在朋友家借住一晚之後，我又搭上了另一班快速列車，朝北開向哥本哈根。

比起汽車與飛機，火車旅行具備的優越性——特別是就中距離的城際旅行而言——在高速科技時代裡絕對是有增無減。由於歐洲的火車積極迎合商務旅客的需求，因此現在你在車上能透過Skype與家人通話、回覆電子郵件，或是純粹到餐車吃頓美味的餐點、喝罐啤酒。對於想欣賞風景的遊客，子彈列車有時候可能會讓人覺得太快了一點：在高速行駛的情況下，即便是中距離的景色也會糊成一片，晚秋時節那些纏繞著槲寄生的橡樹枯枝，一一閃掠而過，彷彿無窮無盡的跑馬燈，在窗外上演舞動骷髏的戲碼。

我們在電力的驅動下沿著軌道繼續奔馳前進，經過德國北部無數的發電風車，我內心不禁冒出了一股負面的比較心態。我納悶著，歐洲人為什麼能將都市與城際運輸處理得那麼好？為什麼北美洲的鐵路客運——除了美國東北的艾瑟拉快線（Acela）、加州的首府走廊線（Capitol Corridor）以及太平洋西北岸的卡斯卡德線（Cascades）以外——都那麼不舒適、不可靠，再說得直率一點：那麼令人難堪？

雪上加霜的是，我手上的書正是《在火車上等待》（*Waiting on a Train*），這部著作以時而令人沮喪、時而充滿希望的語氣描述美國鐵路客運的現狀。這本書的作者麥康門斯（James McCommons）花了一年的時間在美國搭乘美國國鐵四處旅行，結果遭遇的盡是破敗的車站與不斷發生的故障，還有令人咋舌的恐怖現象：連接紐奧良與洛杉磯的日落號列車（Sunset

Limited），竟然經常誤點達二十個小時。除了少數旅客人數眾多的鐵路線之外，大部分的美國國鐵城際火車一天都只發一班車。我在北美洲搭乘過的長程火車，不論是加拿大維亞鐵路公司（Via Rail）連接蒙特婁與哈利法克斯海洋會合點（Halifax Ocean）的路線，還是美國國鐵連接西雅圖與洛杉磯的海岸星光列車（Coast Starlight；西岸居民都稱之為「星光誤點列車」），不僅服務品質低落，而且老是經常發生毫無理由的誤點。

根據麥康門斯的說法，北美洲的鐵路服務品質如此鄙陋的原因其實很簡單。歐洲絕大多數的貨物都由卡車載運，北美洲的鐵路基礎設施則是分別掌握在七大家貨運公司手中，而這些公司都把美國國鐵和維亞鐵路公司的客運列車視為十足的麻煩。下次你搭乘的火車要是又在廣袤無垠的玉米田裡暫停一、兩個小時，等待著賓州運煤車、長達八十節車廂的運油列車，或是鐵路從業人員所謂的「沃爾瑪中國便宜貨列車」優先通過，別忘了將這種情形歸咎於聯合太平洋鐵路公司（Union Pacific）、加拿大國家鐵路公司（Canadian National）與柏林頓北方鐵路公司（Burlington Northern），因為這些公司都認為貨物的準時送達比旅客的旅行需求更重要。

在德國陸地盡頭的普特加登（Puttgarden），我搭乘的城際快車減緩了速度，慢慢駛過一座特別改裝的碼頭，沒有停頓就直接開上一艘斯堪德蘭渡輪（Scandline Ferry）。我沒有預料到這一點，但我接下來這段旅程搭乘的是火車渡輪——這種特別改裝的船隻在歐洲北部仍然相當常見，能載運火車與汽車。我們在一輛賓士半拖車旁停了下來，車廂裡隨即響起一段多語言的廣播，告知我們在四十五分鐘的水上航行期間可到上層甲板的餐廳與免稅商店舒散一下。航越波羅的海的一座海峽之後，我們沿著西蘭島（Zealand）東岸繼續行駛，在下午四點四十三分抵達哥本哈根。排除中途停留的時間，從巴黎到哥本哈根這段長達一千英里的火車旅程只花了十七個小時，票價也只要一百九十三歐元。

德國國家鐵路營運機構的德國鐵路公司（Deutsche Bahn）網站指出，同樣的這段旅程若是開車，不但得多花一小時二十五分鐘的時間，油錢與通行費的開支（還沒有計入租車與保險費用）也將是火車票價的兩倍。搭飛機當然速度會比較快，但即便是搭乘廉價航空，花費也不免比搭火車高出百分之二十五。

最重要的一項數據則是以圖表方式呈現。在這趟旅程上，我要是搭乘採用煤油燃料的噴射機，產生的二氧化碳排放量將達五百六十磅；若是駕駛柴油車，碳排放更達六百四十磅——在大氣中排入了三分之一噸的碳。不過，藉由搭乘電力驅動的火車，我造成的二氧化碳排放量只有一百六十磅。由此可見，鐵路絕對是最具永續性的長途旅行方式。即便是速度最快的子彈列車，碳排放量也不及噴射機的四分之一。

而且，我也不必被迫排隊接受安檢與全身掃描，旅途中更不必因為亂流而擔驚受怕。此外，我也沒有迷路，或是因為超速或闖紅燈而被開罰單。我拉著行李踏進哥本哈根宏偉的中央車站之際，不但吃飽喝足、休息充分、看了我想看的書，而且還比預計抵達時間提早了三分鐘。

單車天堂

原本我認定自己會心不甘情不願地去欣賞哥本哈根，就像遇到一位信奉路德會而且為人強勢的阿姨，看著她以自己直言不諱、愛穿樸素鞋子的個性沾沾自喜，而在鄙夷之餘又帶點莞爾的佩服。沒想到，我竟然深深迷上了這個地方，對於定居在這裡的居民欣羨不已，甚至因此開始鼓吹移居北歐，惹得我太太一臉厭煩。

哥本哈根不是我見過最令人驚豔的城市；這裡彷彿匯集了各個美麗景點的特色：包括阿姆斯特丹的運河、佛羅倫斯的廣場以及維也納的巴洛克建築，甚至還有單獨一棟紐約式的現代摩天大廈（北歐航空集團大樓，高二十層樓）。哥本哈根也不是我見過最令人興奮的城市；這裡最吸引人的景點是蒂沃麗公園（Tivoli Gardens）——一座連摩天輪與旋轉木馬都一應俱全的十九世紀遊樂園——緊追在後的則是樂高專賣店與博登家居屋（Bodum Hus），分別可讓人盡情採購塑膠積木與多功能咖啡壺。而且，哥本哈根也絕非我見過最宜人的城市；這裡風大又多雨，而且緯度與阿拉斯加的凱契根（Ketchikan）相同，所以冬季午後三點左右即是日落時分——前提是當天如果看得到太陽的話。然而，這個地方的規模卻是恰到好處：哥本哈根不會太小，足以讓人感覺多采多姿；卻也不會太大，所以生活其中讓人深感舒適。不過，我之所以會如此熱愛哥本哈根，實際上可能是因為我認識這座城市的方式。

在我造訪哥本哈根的頭幾天，除了步行之外，就是搭乘共有兩條線的地鐵。這套剛完工的新系統在其位於地下深處的車站裡設有最先進的月台門，閃亮耀眼的義大利製自動化列車可讓兒童坐在車頭，看著隧道裡的燈光掠過。由於這裡是北歐，所以車站裡沒有設置收票閘門，乘客搭車都採取榮譽制度。（我第一天因為搞不清楚狀況而誤搭了霸王車，結果一名月台服務人員寬容地一笑，陪著我搭乘手扶梯回到地面上，教我如何正確使用售票機。）丹麥國鐵經營的十一條通勤列車路線從中央車站向外延伸至市郊深處。大多數的主要街道上都可見到顏色鮮亮的橘色公車，採用低底盤設計以方便嬰兒車與輪椅出入。實際上，在我造訪過的城市當中，只有哥本哈根的居民埋怨大眾運輸太多。環市地鐵線（Cityringen）這條規劃中的環形路線一旦在二〇一八年完工，將在市區內添加十五座新車站，屆時哥本哈根除了少數最偏遠孤立的區域之外，所有居民的住處距離地鐵站都不會超過六百碼。

「我之所以反對環市地鐵線，」哥本哈根的一名長年居民對我說：「原因是這座城市面積不大，交通也不擁擠，而且早就擁有很不錯的大眾運輸系統。大部分的地方都能在二十分鐘以內輕易抵達，所以既然目前的現狀就已經很好了，我實在不覺得有必要投資那麼多錢，又得忍受長達十年的施工混亂。」

環市地鐵線確實可能到了矯枉過正的地步。哥本哈根的中世紀市中心緊密圍繞在宮廷島（Slotsholmen）上的國會大廈與證券交易所周圍，面積極為小巧，從一端步行到另一端只需不到一小時。更重要的是，哥本哈根已經扭轉了市內的街道，因此現在街道上最常見的乃是人類交通史上最分散、平價又高效率的大眾運輸工具：腳踏車。

哥本哈根的單車到處可見。滿頭灰髮的高階經理人身穿三件式西裝，騎著黑色的飛行荷蘭人（Flying Dutchmen）單車前往市中心的辦公室，寬鬆的長褲用夾子夾在小腿上，公事包綁在背上。中年婦女騎著粉彩色的維洛比斯（Velorbis）單車出外購物，車籃裡塞滿了麵包與蔬果。生活中的各種活動似乎都可在單車上進行：哥本哈根的居民已精通於一面騎車一面打簡訊、喝啤酒、抽菸以及打情罵俏。在週間上午，免費報紙《都市日報》（*Metro*）的發送人員站在路邊，將一份份報紙捲成圓筒狀握在手上供單車騎士拿取；資源回收桶也專為單車道設計，開口的高度正適合單車騎士拋擲飲料罐。就連流浪漢都擁有單車，而且還是很不錯的單車。在一家漢堡王餐廳門外，我看見一個面色紅潤的紳士向人乞討零錢，他的巴塔弗斯（Batavus）經典款單車手把上掛著裝滿了瓶瓶罐罐的購物袋。我終於看到港口的小美人魚雕像時，不禁對她倚坐在一塊石頭而不是一輛萊禮單車上有些意外。

在這裡，單車的數量甚至比人還多。在最近的一次統計當中，哥本哈根市中心共有五十六萬部單車，人口卻只有五十一萬九千人。在大哥本哈根地區，百分之三十七的居民都騎單車上班或上學——此一比例在市中心更躍增至百分之五十五——而且這個數字還每年持續提高。這個數字究竟有多驚人呢？我們可以這麼比較：哥本哈根的人口數為一百八十萬，美國全國人口數則是三億一千萬，但哥本哈根騎單車通勤的人數卻比全美國還多。經過幾天看著那些身材健美又時尚的丹麥人奮力踩著單車，地鐵於是失去吸引力了。

我一定要找部單車，加入他們的行列。

所幸，我住的飯店有十幾輛單車可供客人借用。市府單車方案的通信主管林德霍姆（Lasse Lindholm）主動提議帶我參觀哥本哈根的單車基礎建設，於是在週間的一天上午，我騎上一輛結實的黑色三速單車，跟著他騎上了單車道。

「在哥本哈根，身為單車騎士不是一種鮮明的身分認同表徵，」林德霍姆一面對我說明著，一面和我一同融入晨間的通勤車流。「你要是向你遇到的前一百個哥本哈根居民搭訕，請他們自我介紹，我保證沒有一個人會說：『我是單車騎士。』在這裡，騎單車就像是刷牙或綁鞋帶一樣自然。我們根本不會去想這件事情。」

這裡的人都穿著上班服裝騎車，男士穿著擦得油光閃亮的皮鞋，女士通常穿著高跟鞋。哥本哈根的單車手把一般都相當高，可讓騎乘者舒適地挺直上身，還可在龍頭上掛個籃子，傳動鏈上裝有擋泥板，後輪擋泥板上還設有置物架。這種自行車價格非常低廉，丟了也不心疼；唯一的例外是載貨單車，這種三輪車已然成了一種地位象徵。載貨單車相當堅固耐用，前面有兩個可以轉向的前輪，中間夾著圓形的貨艙，令人聯想起鵜鶘的大嘴，整部車輛看起來猶如冰淇淋小販所騎的那種車子，只是造型更優雅，也更容易操控。這種單車已經成了哥本哈根的休旅車；林德霍姆說，市內育有兩個孩子以上的家戶，其中四分之一都擁有一部載貨單車。尼霍拉（Nihola）是最熱門的品牌，其新車價格可高達四千美元。就連丹麥王儲弗雷德立克（Frederik）也經常被人拍到騎著尼霍拉單車載著他的小兒子外出。

「載貨單車可以輕易搭載三個小孩和一星期分量的食品雜貨，」林德霍姆說。這時候，我們在維斯特布羅（Vesterbro）一條小巷的人行道旁停了下來。維斯特布羅是個勞工階級住宅區，目前正出現快速的縉紳化發展。在一棟六層樓的公寓大樓外，一座汽車形狀的粉紅色玻璃纖維遮雨亭占用了一個停車位。這座遮雨亭是市府單車方案的一項試行計畫，看起來有如一輛由棉花糖形塑而成的斯圖貝克（Studebaker）汽車，其邊蓋掀開之後，裡面的空間足夠停放四部載貨單車，而且邊蓋還可以關閉上鎖，以防單車遭竊。「我們很高興載貨單車能暴紅，可是這種車很難停放在一般的單車架。這麼做雖然剝奪了汽車的路邊停車格，可是我們也證明了停放一輛小型汽車的空間就能夠停放四部大單車。」

越過一座迴旋橋之後——這是市政府為了橫越港口的單車騎士與行人所建造的捷徑——林德霍姆向我指出市政廳外可停放單車的地方。市政廳是一幢宏偉的建築，上有雉堞，還有龍的雕像守護在外。他帶我到地下室裡一間寬敞的倉庫，裡面擺滿數百部整齊停放在架上的單車。他說，自從一九〇五年以來，市府官員就都把單車停放在這裡。不過，真正的奇觀出現於幾分鐘之後，在我們停頓於諾波街（Nørrebrogade）——通往市中心的其中一條主要大道——沿途的一座橋梁上之時。當時是八點四十五分，一連串無窮無盡的自行車騎士不斷滑行而過，通常四、五個人並排前進，朝著市中心的辦公室而去。有些人講著手機，有些人聽著MP3隨身聽，只有極少數人戴著安全帽。這群自行車通勤者遇到紅燈停下之後，一名領子上別著候選人徽章的年輕女子便穿梭在他們之間散發傳單。

那名女子在交通號誌轉為綠燈之後退回人行道，在我的詢問下答說：「我是社會自由黨的候選人，我們的交通政策其實頗具爭議性。我們希望在這類橋梁上為單車增添更多車道。我們想把汽車完全排除於市區外。」

在橋梁的另一側，一具像一塊巨石的計數器以明亮的ＬＥＤ顯示幕計算著經過的單車騎士人數。截至此時，這一年已有一百八十萬名單車騎士經過此處。林德霍姆說，夏季的統計數字一天通常可達到三萬五千，可見得諾波街是歐洲最繁忙的單車道。儘管當天是十一月中一個陰雨霏霏的上午，溫度將近零度，等待紅燈轉綠的單車騎士還是擠滿了半座橋：這時我才意識到自己目睹的乃是尖峰時刻的單車壅塞現象。不過，不同於汽車的交通堵塞，這些單車騎士看起來並不會特別沮喪。

「下雪的時候，還是會有許多人騎車，」林德霍姆說：「我們會派出剷雪機，先剷除單車道上的積雪，然後再清理馬路。」

林德霍姆和我雖然行經不少繁忙的街道，我卻從來不曾覺得受到橫衝直撞的汽車威脅。寬廣的單車道比馬路高出幾英寸，但比人行道低，而且以一道低矮的鑲邊石與馬路區隔開來。北美洲的城市裡若是設有單車道，通常只有一條雙向的兩線道路位於街道的一側，因此朝著相反方向前進的騎士會擦身而過，彼此之間只有幾英寸的距離。在哥本哈根，主要街道的兩側各有一條單向的單車道，因此單車騎士即可放心騎乘（也許這就是為什麼許多人都一手握持著把手，另一手拿著手機講電話）。在少數幾條提供路邊停車位的道路上，單車道則是位於停車位外側，又與汽車交通相距更遠。單車道若是橫越繁忙的道路，交叉路口上則是會有一大條藍色線條標示出單車道。

林德霍姆指出，儘管此時已是十一月中，哥本哈根這一年來卻完全沒有任何單車死亡車禍發生。（相較之下，紐約每年都有二十名左右的單車騎士命喪途中。）我注意到這裡的汽車駕駛人謹慎得近乎誇張，在右轉之前都會先徹底煞停，伸長脖子張望，直到單車道清空之後才駛過轉角。丹麥和荷蘭及比利時一樣，汽車駕駛人擔負的責任特別重：在車禍當中，司法首先推定汽車駕駛人有罪，因為他們操控的乃是一種可能令人致命的重機械。開門撞及單車騎士是一項重罪，而且──除了極端案例之外，例如單車騎士撞上靜止不動的汽車──所有的損失都必須由汽車駕駛人的保險公司理賠。（丹麥政府也教育汽車駕駛人以右手開車門，以迫使他們在開門之前轉身觀看有沒有單車接近。）如果要說有什麼不同，那麼就是我覺得這裡的汽車駕駛人比單車騎士還沒有威脅性。在哥本哈根，在交通繁忙的單車道上停車是頗為棘手的一件事情：為了避免後方騎士追撞，你最好先舉起右手示意自己要停車，再逐漸靠向人行道。

林德霍姆在一座水濱社區活動中心向我引介哥本哈根單車方案的主持人羅爾（Andreas Röhl），接著就先行離開了。羅爾和我一面喝著咖啡，一面向我說明市府的技術與環保單位如何致力將哥本哈根打造成單車騎士的天堂。

「我把單車視為大眾運輸工具，」羅爾說：「重點在於什麼樣的交通工具能讓城市變得更美好。單車速度快，沒有噪音，對城市而言又成本低廉。經營這套系統不需要花錢──

只要為民眾興建基礎設施，他們就會自己使用了。對於哥本哈根這麼一座城市，以我們的氣候和城市規劃而言，單車在移動大群人口方面絕對是最具成本效益的運輸型態。」

羅爾認為單車在哥本哈根之所以能打敗汽車，主要必須歸功於一套典型的激勵與抑制系統。主要幹道的交通號誌採用「綠波」調節方式，因此單車騎士只要維持十二英里的平均時速，就不會遇到紅燈阻礙。在超過一百個交叉路口，單車的停車等待位置比汽車超前十五英尺，綠燈時更可提早六秒起步；羅爾指稱這項做法已大幅減少右轉車禍事故。在某些區域，單車道的路面上甚至嵌入了綠色的閃爍燈光，而且單車騎士在單行道逆向行駛也不必擔心接到罰單。哥本哈根的市府機關雖然訂定了高昂的停車價格，但最有效的汽車抑制措施卻是來自丹麥中央政府。丹麥油價極高──在我造訪期間，一加侖的汽油要價相當於七點五美元──而且買新車還必須支付百分之一百八十的登記稅。對於許多人而言，擁有汽車實在一點都不划算。

哥本哈根擁有兩百二十英里的單車道，整套路網已逼近發展極限。羅爾表示：「增建單車道很容易，難的是把單車道鋪設在民眾想去的地方。」羅爾指出，其他城市的單車道通常只鋪設在公園裡或河畔。在哥本哈根，單車道卻是以最短的路徑直通市中心，汽車駕駛人則必須繞路行駛單行道。

羅爾其實對單車愈來愈受喜愛的現象有點擔心。「我們現在已經出現了尖峰時刻的壅塞現象，這種情形對於行車速度或安全感都是不利的發展。我們的目標是要在未來五年內把大哥本哈根地區騎乘單車通勤的人口比例提升到五成。所以，到時候騎單車上班或上學的人數又會增加五萬五千人。」他說，下一步是拓寬既有的單車道，進一步剝奪汽車的道路空間。

羅爾坦承單車不一定對於每一座城市都是一年四季完全適用的解決方案。「但別忘了，哥本哈根也是多雨又寒冷，而且還會下雪，市區面積也相當大，可是還是有不少人固定騎乘十二英里的距離上班。在鳳凰城或休士頓那類專為汽車打造的城市，要促使許多人騎腳踏車可能很不容易。但你得從簡單的地方著手，像曼哈頓或芝加哥這種平緩而且人口密集的城市。只要有合適的基礎設施，騎單車很有機會在美國成為大眾運輸的一大型態。」

騎單車無疑對公眾健康很有幫助。我必須承認，羅爾引述研究指出單車通勤者的死亡率比汽車駕駛人低了百分之三十，我心裡其實有點存疑。不過，我騎車徜徉於港口周圍，看著各個年齡層的丹麥單車騎士，每個人都雙頰紅潤、四肢健壯，不禁開始覺得羅爾引述的數據可能確實有其真實性。每天為了帶小孩去托育中心、出外購物或上班而固定騎上十幾英里的腳踏車，的確足以讓你的身體得到所需的運動。如同林德霍姆指出的，如果通勤本身就能讓你增進健康，又何必花一個半小時上健身房？

騎單車甚至可能讓你更快樂。我自己知道，我才不過在全世界最棒的單車城市裡騎上一天單車之後，臉上就掛滿了微笑，猶如一個一早醒來發現耶誕樹旁擺著一部史溫（Schwinn）自行車的七歲孩子一樣。

對汽車的無聲反抗

對城市居民而言，騎單車是一種明智的大眾運輸選擇；對遊客來說，更是足以讓人有所啟發。哥本哈根的地鐵雖然很有效率，卻也和所有地鐵系統一樣，不免讓人對城市的印象流於零碎，因為你在不同區域之間的移動都身於地底下，看不到這座城市如何連結為一體。步行雖然很棒，但一天下來能走訪的區域卻相當有限。在安全且涵蓋範圍廣泛的單車道上騎乘單車，我覺得自己很快就摸熟了哥本哈根的城市規劃，這是我在紐約、倫敦或巴黎都未曾有過的體驗。

當我看到公寓大樓通常潔淨無瑕的磚砌面開始出現噴漆圖樣，接著又是精心繪製的壁畫，就知道我已經接近哥本哈根市內的傳奇區域——克利斯加尼亞自由城（Freetown Christiania）。如同弗萊堡的福邦，完全無車的克利斯加尼亞也是建造在前軍事基地上（說來很合理，因為密集分布的軍營通常具有排除道路的效果），但這座鄰里起源自一九七〇年代初期，當時無政府主義者初次占據這片百英畝的區域。克利斯加尼亞雖然滿是倉庫、破敗的木頭小屋、古怪的房子——百葉窗特別大，看起來猶如小精靈搭建的一樣——還有些吸毒吸得骨瘦如柴的流浪漢，卻座落在市區內的精華地段，因此長久以來備受右翼政治人物痛恨。我漫步走下毒販街（Pusher Street），看著尼泊爾與摩洛哥的大麻磚整整齊齊地堆疊在鋪了桌巾的桌子上，然後走進了克利斯加尼亞單車舖。一九八四年，一個名叫恩斯托姆（Lars Engstrøm）的鐵匠為他太太安妮打造了一部前載式的載貨單車，以便讓她載著小孩外出。後來，他的設計獲得丹麥郵局採用，更啟發了尼霍拉載貨單車。我在托育中心和有機麵包舖外都看過當地這種巧妙的運輸工具，通常妝點著三個圓點的圖案，也就是克利斯加尼亞的獨特標誌。

離開克利斯加尼亞之後，我騎車前往市中心西區，沿著五湖（Søerne）的湖畔前進——這是五座彼此相連的長方形湖泊，水面上散布著天鵝與蓮葉——最後終於抵達「馬鈴薯排屋」（Potato Rows），也就是五、六排平行排列的黃褐色磚砌連棟房屋。一八六〇年代期間，造船廠工人因為房價炒得太高，再也租不起公寓，於是成立自己的建屋互助會，雇用一名建築師在一片曾是馬鈴薯田的土地上興建了五百棟一模一樣的連棟房屋。這段往事讓我想起了福邦的建屋合作社——弗萊堡的居民也是自己團結起來，在不靠開發商的情況下興建自己的市郊住宅區。（學者也認為北歐福利國家的起源可追溯至這類工會組織的合作建屋方案。）結果，這兩座住宅區都同樣顯得相當平靜悠閒，狹窄的街道兩端雖然停有十幾輛汽車，但每個街區中間長達數百碼的路段卻完全沒有車輛。一般屬於路邊停車位的空間，在這裡見到的是鞦韆、花架與野餐桌。

在艾克斯伯格街（Eckersbergsgade）上的一棟屋子前方，我遇見了尼爾斯，他剛以載貨單車從幼稚園接回他四歲的兒子朱利厄斯。他邀請我進入他家簡單參觀一下。

「我們這棟房子是一八八三年蓋的，」尼爾斯說，一面帶著我穿越通風採光都相當好的房間，來到頂樓爬滿葡萄藤的陽台。這是一幢打理得整齊潔淨的三層樓住宅，有實用但品味高雅的裝飾板條與家具，正是造船工人設計的房屋該有的模樣。「當初這麼一棟房屋可住進三個家庭，室外廁所位在庭院裡。」現在，馬鈴薯排屋的住宅是熱門房產，價格高達百萬美元，住戶都是專業人士（尼爾斯的太太是建築師）。他說由於這裡沒有汽車，因此他的兩個兒子能自行踢足球玩耍，不需要有大人在旁看顧。此外，夏天時，鄰居也都會在街道中央一齊喝酒聊天。

哥本哈根不是每個地方都對單車騎士開放。我抵達市中心的中世紀城區之後，就得下車牽著單車走在斯楚格徒步購物街（Strøget）上——這裡是歐洲最長的一條行人徒步街道。從市政廳前方的大廣場到新國王廣場（Kongens Nytorv），將近一英里長的斯楚格徒步購物街是哥本哈根中世紀城區的脊柱。這條街道蜿蜒穿越市中心，像河流一樣時寬時窄，引領行人經由圓石巷道湧入鄰近的廣場。在某些歐洲城市裡，這類行人徒步區都淪為人跡罕至的荒地。如果只有少數幾條街道禁止車輛通行，便有可能遭到乞丐和帶著野狗的流浪漢盤據。哥本哈根的徒步區雖然也不乏街頭遊民，但更多的卻是衣著光鮮的行人、購物者與學生。天氣雖然帶有涼爽的秋天氣息，此處卻是熱鬧得有如夏季的義大利廣場。在廣場上，哥本哈根人坐在露天咖啡座，喝著啤酒、抽著菸，舒適地蓋著咖啡廳提供的厚毯子。有一座噴泉中央矗立著三隻鸛鳥的雕像，擺出正要飛起的姿勢。在這座噴泉旁，我向一位咖啡調理師買了一杯芮斯崔朵。只見他將一部尼霍拉單車改裝成行動咖啡館，貨艙上方擺著一部亮閃閃的義式濃縮咖啡機。

「不久之前，」蓋爾（Jan Gehl）回憶道：「一般人還認為閒坐在咖啡廳裡不像是北歐人會有的行為。許多人都說哥本哈根氣候太冷，位處太北，人行道上不適合露天咖啡座，這種咖啡座一定不可能出現在這裡。但如今市中心已有七千個咖啡廳與餐廳的露天座位，而且全年都看得到有人坐在這些座位上享受悠閒的時光。」身為市府顧問的蓋爾，是把斯楚格規劃為徒步區，因而振興哥本哈根市中心的一大功臣。我鎖上單車之後，走進他以一棟十九世紀公寓大樓改裝而成的建築事務所，在一間採光明亮的會議室裡和他見面。

蓋爾指出，哥本哈根在一九六〇年代期間不過是另一座塞滿汽車的歐洲城市。

「兩股力量的興起對城市帶來摧毀性的效果，」蓋爾說。他的英語相當流利，同時也帶有北歐人說話時特有的那種平板語調。「現代主義的都市規劃觀念，以及汽車的入侵。此外，還有理想主義者所設計的愚蠢建築，包括垂直花園城市。然後，還有排除腳踏車的政策，原因是汽車入侵造成許多車禍。」哥本哈根抵擋了這項趨勢，無視商人的抗議，在一九六二年將斯楚格規劃為無車區，只有晨間允許貨車出入。幾年後，這種規劃又納入更多街道與廣場。一九七〇年代的石油禁運對能源貧乏的丹麥衝擊特別大，於是又進一步加速了無車化的發展。原本有一項計畫，打算在市中心西側那幾座美麗的人工湖上興建一條四線道的快速道路，但抗議運動扼止了這項計畫，而且數以萬計的單車騎士也齊集於市政廳前方的廣場上，以草根性的示威活動反對汽車在城市裡的支配地位。（當時丹麥有一首廣為流傳的童謠，歌詞是這麼唱的：「我愛我的腳踏車／不像那些燃燒汽油的混蛋那樣污染空氣。」）哥本哈根市中心如今有一片二十五英畝的地域都不開放汽車通行。

「我有一項研究民眾如何使用公共空間的計畫，已經得到一筆補助金。以前從來沒有人真正做過這樣的研究，」蓋爾說：「當然，珍・雅各曾經在她家中望著窗外的格林威治村，但我們可是常態性地計算斯楚格的行人人數。我們發現，民眾使用城市的方式很有規律，而且完全可以預測。」他在一九七一年出版了《戶外空間的場所行為》（*Life Between Buildings*），書中以照片和圖表列舉了促使街道生氣盎然的都市設計特色；每十年，蓋爾的事務所都會出版後續追蹤調查的結果。「市長室愛死了這些報告。有時候，還是會有商家聲稱市政府移除四個車位導致他的生意一落千丈。現在，市長可以提出真實的數據，向對方說：『現在經過你店門口的人數比五年前多了六千人呢。你確定你真的會做生意嗎？』」

實際上，哥本哈根市中心自從將汽車驅趕出去之後，便開始欣欣向榮。「哥本哈根在一陣子之前就已開始推行一項政策，每年減少市中心區百分之三的停車位。此舉的理論是，民眾只要沒有地方停車，就不會開車。這種政策只要推行得夠緩慢，就不會有人發現。我總是說，一座城市的品質不該取決於城裡有多少行人，而是有多少人不再步行，決定坐下來放鬆一會兒。我們發現，汽車使用的空間每減少十四平方公尺，就會多出一個露天咖啡座位。也就是說，只要每減少一個停車位，就會多兩個人坐下來享受人生。」

蓋爾目前已為七十座城市的市政領袖擔任過顧問，建議他們如何創造吸引人的公共空間。現在，他有許多時間都待在國外。他曾與紐約市交通局局長莎蒂坎合作，促成百老匯與時代廣場的徒步區規劃，對於墨爾本熱切採納他的想法更是興奮不已。「他們把市中心規劃成行人徒步區，還把原本滿是垃圾的骯髒巷道清理乾淨，設置許多咖啡廳與酒吧的露天座位。現在，市中心的居民人數增加了十倍。墨爾本已經成為全世界舒適程度排名第二的城市——僅次於哥本哈根。」

蓋爾認為繼續迎合汽車需求的城市將會深陷困境。「個人駕駛的四輪車輛是沒有未來的交通工具，」他說：「靠著讓每個人都擁有汽車的夢想，絕對不可能解決孟買、北京或拉哥斯（Lagos）的問題。像鳳凰城、亞特蘭大及休士頓那樣的城市，都還沒有想通這一點。不過，紐約、舊金山與西雅圖總算已經開始因應這種狀況了。

「可是這種事情不能只做一半——不能只是規劃兩個街區，就像許多北美城市所做的那樣，把一條徒步街設置在莫名其妙的地方，就預期它會發揮效果。你需要一套完整的步行體系，哥本哈根的斯楚格就是如此。」

蓋爾回憶起他和太太在哥本哈根慶祝結婚四十五週年的方式：「我們決定到市中心共進晚餐，於是我們騎上腳踏車，在安全的單車道上並肩騎了幾英里。然後，我們在市中心走走看看，最後才挑上港口的一家餐廳。我們開了一瓶好酒，吃了一頓美味的晚餐，接著便騎車回家。我們已經七十幾歲了，可是不知不覺間竟然騎了十六英里，又舒適又體面。我們剛結婚的時候，絕對不可能度過這樣的夜晚。」

蓋爾顯然對自己在這都市轉變當中扮演的角色深感自豪。我可以理解，將自己的家鄉塑造成一個更安全、更健康也更迷人的地方——同時一點一滴地排除摩希斯、萊特與柯比意所留下來的影響——的確是一項絕佳的終生成就。

良性循環

一旦談到鼓勵民眾揚棄汽車，運輸規劃師經常會面臨到一項看似無法克服的挑戰：也就是最後一哩的問題。通勤列車與城際鐵路雖然能載運乘客在主要交通要道上移動，但通勤乘客在車站下車之後，離家或辦公室總不免還是會有幾個街區的距離。在哥本哈根，由於單車基礎設施完善，這最後一哩的問題也就不再是問題。通勤者只需跳上單車即可。

實際上，丹麥人似乎先天就精通於混合式的複合運輸型態。按照法律規定，丹麥所有的計程車都必須設有可載運兩部單車的車架。哥本哈根居民只要憑著一張大眾運輸票卡，即可搭乘公車、地鐵與橫越港口的迷你渡船。搭乘地鐵或郊區鐵路（S-train）前往市中心的通勤乘客，通常也擁有兩部單車，一部是上班用的平價實用車，停放在中央車站外，另一部則是比較高級的車款，用來騎回位於市郊的住家。

良好的都市規劃也有幫助。一九四八年，政治人物推出了「手指計畫」（Finger Plan），沿著五條交通幹線興建新的開發案與大眾運輸，如同五根手指般地從市中心這片掌心往外延展。大哥本哈根地區於是跟著這項計畫成長，每根手指都設有郊區鐵路、馬路與單車道，手指與手指之間則是由公園及其他綠地隔開。

哥本哈根在解決最後一哩問題上最大的貢獻，也許就是「城市單車」（Bycyklen）——這是全世界第一項大規模單車共享方案，創立於一九九五年。這種免費借用的單車所採的模式就像超市停車場的購物推車，民眾只要投入一枚二十克朗的硬幣，就可以解鎖取用單車。騎乘完畢之後，只要將車子歸回市中心超過百處的取車站，就能取回這筆押金。這項方案最惡名昭彰的先驅，是一九六〇年代中期的「白色單車計畫」（White Bicycle Plan），當時一個無政府主義團體在阿姆斯特丹散置了數百部免費單車。批評者舉白色單車後來的下場為例——其中許多都被酒醉者騎入或拋進運河裡去——指稱人性必然難免將導致這類烏托邦措施的失敗。哥本哈根解決這個問題的方式，就是藉由一小筆押金鼓勵騎士歸還單車。法國里昂在二〇〇五年推出「愛的腳踏車」（Vélo'v），單車都鎖在電腦控制的停車架上，民眾只要刷信用卡支付租金，即可取車使用。若是購買為期一日、一週或一年的會員資格，則可免費用車三十分鐘，後續每半小時也只要一歐元。

我到哥本哈根的時間晚了幾週，因而沒機會試乘到城市單車，因為市府每逢冬季就會將取車站從街道上撤除。不過，我使用過許多城市的公共單車，其中野心最大的一項計畫是巴黎的單車自助租用服務。為了解決一個反覆出現的問題——該服務的單車通常都會大量聚集在塞納河附近，因為這裡地勢較低，許多人從其他地方沿著下坡騎到這裡之後，就不願再騎車回去——巴黎於是推出一項激勵措施，只要民眾到地勢較高的取車站歸還單車，即可獲得免費租車點數。全球定位系統讓市府更容易找回遺失或遭竊的單車，而且目前也有些城市打算推出電能單車，由電動馬達提供輔助動力。華府、明尼亞波利、波士頓與芝加哥都各自有其本身規模較小的單車自助租用服務。根據最近一次的統計，全世界共有一百二十項單車共享計畫，小自芝加哥聖塞維爾大學（St. Xavier University）校園裡的六十部綠色單車，大至廣州的五千部公共單車。

由於絕大多數的哥本哈根居民早已擁有自己的單車，因此城市單車主要的使用者都是遊客與商務旅客。不過，巴黎的單車自助租用服務已讓許多巴黎人變成單車愛好者。對於單車擁護人士而言，單車共享制度就像是在遭到汽車宰制的城市裡植入木馬一樣。這種制度只需以最低限度的花費，即可為民眾提供除了開車之外的另一種交通選項。

在許多城市裡，包括在我的家鄉蒙特婁，取車站通常都設在地鐵站旁，以提供真正的複合運輸體驗。近來，我已愛上了將借用單車停入空車架後上鎖的那股喀噠聲響，接著再心滿意足地直接走入地鐵站。

馴服猛獸

我和寇維安德森（Mikael Colville-Andersen）相約在我住宿的飯店外碰面。他身穿一件量身訂製的短大衣，顯得精幹俐落，騎著他的招牌白色布里特（Bullitt）單車來到位在維斯特布羅的薩沃亞飯店（Savoy Hotel）。他說他騎的這部單車是現代版的長約翰（Long John）。所謂的長約翰，就是一種骨架特別長的兩輪載貨單車，以前丹麥的送貨員都以這種單車運送磚塊以及兩百磅重的水泥。寇維安德森通常都會讓他的兒子菲利斯和女兒露露索菲亞坐在前方的載運箱裡，但今晚他的太太蘇珊在家照顧孩子。我借了他的車騎了一圈。這部單車雖長，操控的便利性卻超乎我的意料，而且騎乘起來速度也很快。

將單車停放在一家煙霧繚繞的小咖啡廳外面之後，我們一同喝著酒精濃度相當高的耶誕啤酒，而這位丹麥最孜孜不倦的單車文化推廣者也熱切提出論述，指稱哥本哈根的這種大眾運輸型態其實也可適用於其他城市。

「丹麥人很樸實，對不對？」寇維安德森說：「他們知道自己的單車超級公路、綠波和各種基礎設施都很好，但是不會花許多時間向國外推銷這些做法。」寇維安德森出生在加拿大西部，但父母都是丹麥人；他著力的正是這一點。他的得獎部落格《哥本哈根單車時尚》（Copenhagen Cycle Chic）有許多照片展示丹麥人在各種天氣中騎車的模樣：金髮美女穿著鋪棉洋裝與高跟鞋，或是圍著厚圍巾；滿臉皺紋的男人打扮得整齊帥氣，頭戴軟呢帽、身穿粗花呢西裝外套、腳蹬雕花皮鞋；還有穿著緊身牛仔褲與康威斯（Converse）運動鞋的青少年——全都騎乘著高手把的粗重單車。

「騎單車的重點不該是穿梭於車陣中，懷著紐約單車快遞員的那種心態：『喂，操你們這些開車的混蛋！』重點是必須讓人騎車騎得輕鬆愉快，身體挺直，重心和走路一樣。你一旦把時髦體面放在速度之前，騎單車就會是一種安全的活動。」[1]

寇維安德森指出，美國人將騎單車視為休閒活動或是少數次文化族群所選擇的交通工具。「我們必須恢復腳踏車的普及性。別管那些背著側背包騎單速自行車的潮男潮女，別管那些穿著緊身單車褲成群結隊騎車的男人，也別管那些堅持在馬路上與汽車爭道的單車交通客。[2]在巴黎，他們沒有既定的快遞員或都市單車行頭文化，所以他們推出單車自助租用服務之後，騎單車的活動並沒有背負任何污名。穿著套裝和裙子騎公共單車的那些人，和搭乘地鐵的通勤乘客是同一批人。」丹麥雖然環保意識高張，寇維安德森卻堅稱哥本哈根居民騎單車不是出於環保理念。「有人針對哥本哈根居民進行調查，結果只有百分之三的人說自己騎單車是為了拯救地球，而且也只有五分之一說自己騎單車是為了運動。絕大多數人騎單車都是因為這種交通方式又快又便利。」

他認為哥本哈根有一項值得其他城市學習的重要教訓：單車道要規劃在市民想去的地方，而不是在剛好有空間可以設置單車道的地方。「哥本哈根剛開始規劃單車道時，都把單車道設置在安靜的社區內，所以單車騎士因此都得多繞十五分鐘的冤枉路。那樣的規劃實在是一大失敗。我們是人，我們的本性就是會想以最快的速度從A點到B點。於是，我們開始在城裡最繁忙的街道上設置單車道，直接通往市中心，結果我們就再也沒有回頭了。」寇維安德森認為，經過幾年的錯誤嘗試之後，丹麥人已經找出建構單車基礎設施的最佳做法。「設置像哥本哈根那樣的獨立單車道——只要模仿照做就行了。這種做法可以輕易推廣到其他城市。」

儘管如此，北美洲卻是連規劃完善的單車道都不免引發爭議。舉例而言，布魯克林公園坡（Park Slope）的居民提出訴訟，要求撤除展望公園西路（Prospect Park West）的北歐式單車道，聲稱那條單車道妨礙交通，又可能對行人造成危險。我提出我聽過許多人主張的論點：歐洲城市因為市中心比較小巧密集，所以先天上就比美國城市適合騎單車。寇維安德森不認同這種說法：

「我承認這點就阿姆斯特丹而言確實是如此。你站在那些運河旁邊，根本沒辦法把那裡想像成一座北美城市。阿姆斯特丹的城市規劃很奇怪，很獨特。可是哥本哈根完全是另一回事。我們市中心的確有個中世紀城區，可是那個區域很小。我們在一百五十年前就拆掉城牆了，而且哥本哈根在工業革命之後就開始往外擴張。現在，我們有範圍非常大的都市蔓延區，也有寬廣的大道。每當有美國遊客來到這裡，我都會問他們：你站在哥本哈根的時候，能不能把這裡想像成你的城市？大多數人都說：『可以，這裡的做法也可以套用在我們的城市。』」令人訝異的是，哥本哈根都會區的平均人口密度是每英畝十一．五個居民，幾乎和洛杉磯一模一樣——洛杉磯是每英畝十一人。

寇維安德森坦承哥本哈根地勢平緩對於單車的普及確實有幫助。「可是丹麥的第二大城奧爾胡斯（Aarhus）雖然和西雅圖或波特蘭一樣有許多丘陵地，卻還是有百分之二十五的人口騎腳踏車。聽我說，」他繼續提出他的論點：「要談論腳踏車，就不能不談社會裡的那頭聖牛：汽車。我們忙著要求單車騎士裹上各種防護裝備，強迫單車騎士戴安全帽，可是我們真正該做的事情其實是馴服那頭牛。這點可以很容易做到，透過設置交通寧靜區、收取塞車稅、在交叉路口讓單車騎士享有優先地位。」他堅稱自己不是反汽車的狂熱分子。「在華盛頓的一場講座上，有人對我說：『在美國，我們週末都會外出騎腳踏車兜風，你們在丹麥都做什麼？』我回答說：我們會開車兜風。我有很多朋友都擁有汽車。差別是，在哥本哈根，我們是在三十五歲左右才擁有第一輛車，在我們生了孩子之後。我們開車到夏季別墅去，或是載孩子到奶奶家托給奶奶照顧。可是我們不會一週七天都開車，不會開車通勤，也不會隨便什麼小瑣事都開車去做。我們是週末駕駛人。」

寇維安德森捺熄一根菸，接著又喝了最後一口啤酒。「腳踏車是社會擁有的最佳工具，可以緩和交通、減少碳排放、讓我們的城市變得更適宜人居。只要把腳踏車變成城市裡最快捷的交通工具——我們在哥本哈根所做的就是這件事——那麼所有人，包括他們的狗在內，都會樂於騎車。」

我後來發現，寇維安德森和我其實有許多共通點。我們同樣年過四十，都在加拿大西部成長，二、三十歲期間幾乎都在世界各地旅行。我初次採訪他之後過了幾天，他邀請我到他家晚餐。蘇珊做了砂鍋通心粉，七歲的菲利斯為我畫了一張《星際大戰》裡的黑武士。他們住在位於腓特烈堡（Frederiksberg）一幢十九世紀大樓內的五樓精美公寓。這棟大樓沒有電梯。我提到扛著孩子上下階梯一定很辛苦，寇維安德森露出驚訝的表情。

「不會，一點也不會。住在哥本哈根會讓人保持良好的體魄。我們樓下的夫婦從來沒埋怨過爬樓梯的問題，而且他們都已經是七十幾歲的人了。」

晚餐過後，我們散步到當地高中的體育館，許多哥本哈根居民正在那裡排隊等著投下市級和區域級選舉的選票。選票的大小和浴巾相當，其中包括虛無主義黨（Nihilist People's Party）的候選人，其口號為：「反正世上的一切都毫無意義，所以就把你的選票浪費在我們身上吧。」在我們走回他家的路上，一輛小車從一條車道裡衝了出來，隨即緊急煞車，差點撞到寇維安德森推著他兩歲女兒的嬰兒車。寇維安德森吹了一聲口哨以示責備，同時舉起手伸出拇指與食指，向對方表示她才差多少就會撞到露露索菲亞。

車上的駕駛人是個中年婦女。她手掩著嘴，顯得滿臉歉疚。真是驚險的一刻：社會的聖牛差點又奪走一條人命。

快樂因子

我開始擔心了。我通常覺得北歐人在環保上一絲不苟的態度有點討人厭。畢竟，還有什麼能比北歐人滔滔不絕地鼓吹潔淨環保的生活更令人厭煩呢？然而，丹麥人卻不一樣——我不得不問他們的城市為什麼運作得那麼良好。他們大多都騎著單車，看起來健康又快樂。

我似乎對丹麥陷入了斯德哥爾摩症候群，也就是密集接觸一種陌生的意識形態之後，開始對綁架自己的對象產生強烈的認同。就地球上所有其他城市難以克服的都市問題而言——交通運輸、能源政策、減少塞車等等——哥本哈根似乎都已找到解決的辦法。當然，我告訴自己，城市本來就必須投資建設高品質的單車道、地鐵以及通勤列車網絡——如此可讓四處移動變得容易許多。當然，一座城市若是想發展得更適宜人居，就應該偏好行人空間，勸阻民眾開車——這都是理所當然的事情。我雖然沒有理由待在哥本哈根，卻發現自己不想離開。哥本哈根看起來似乎是個定居下來養育子女的好地方。這裡的一切都顯得那麼合乎理智。

以哥本哈根居民家中的暖氣為例。丹麥的電力有百分之十六來自風力與太陽能發電，哥本哈根居民則有十分之九仰賴區域供熱服務，也就是將發電過程中產生的熱能透過超級隔離管線傳導到大哥本哈根地區各地的住宅。丹麥大多數的發電廠雖然還是採燃煤發電，卻因為區域供熱的效率極高，於是火力發電廠的碳足跡甚至比水力發電廠還低。（順帶一提，曼哈頓那些冒著蒸氣的人孔是紐約蒸汽公司〔New York Steam Company〕的區域供熱系統遺留下來的產物，起源可追溯到一八八二年，至今仍為兩千戶左右的顧客供應暖氣。）丹麥的經濟在過去三十年來雖然成長了百分之七十，他們今天消耗的能源量卻仍維持在一九八〇年的水準。

羅格斯大學（Rutgers University）的都市計畫教授普卻爾（John Pucher）比較德國、荷蘭與丹麥的單車人口比例，以及美國和英國城市裡低迷的單車使用率，結果指出：「這兩者之間的差異之所以深具啟發性，是因為這些國家全都是富裕的民主資本主義國家，而且汽車持有率都接近完全普及的程度。單車的盛行無須仰賴貧窮、獨裁政權或是缺乏機動運輸選項而迫使人騎乘單車。」單車一度曾被視為開發程度低落的象徵——例如毛主席統治下的中國城市裡那些騎著單車的大批群眾，夢想著有朝一日能買得起本田或福特汽車。然而，目前失業率只有美國一半的丹麥，卻經常被評選為全世界最具競爭力的十大社會之一。丹麥大多數的家戶都擁有汽車——哥本哈根居民不過是選擇不在他們的都市裡使用汽車罷了。

我們若是想將城市「哥本哈根化」——借用蓋爾與寇維安德森愛用的這個詞語——或是打造一個像福邦這樣的無車社區，有個很好的起步方法，就是推行單車共享計畫，並且逐漸限制市中心的停車空間，同時也慢慢將若干街道規劃為行人徒步區。不過，弗萊堡、史特拉斯堡與哥本哈根這類城市帶給我們的啟示，就是沒有任何一項措施足以單獨造成真正的改變。唯有明智的運輸政策，將電車、公車與地鐵等市區大眾運輸設施和單車道及城際軌道連接起來，才能構成真正完全整合的運輸網絡。美國的城市之所以難以改變，最大的障礙不是新大陸都市結構的地理現實，而是人的思考習慣。北歐由於具備社群主義傳統，因此像弗萊堡的福邦與哥本哈根的馬鈴薯排屋這種共同住宅開發案、「城市單車」這樣的單車共享計畫，以及像克利斯加尼亞這類都市社區，都是自然產生的結果，但這類發展在北美洲卻極為少見——畢竟，當初到北美洲大陸開創新天地的乃是一群個人主義者，在擁擠而且階級劃分明確的前現代城市當中，為了逃脫社群的要求而航向新大陸。不過，時代已經變了，大西洋的兩岸都是如此。歐洲人為了讓他們的城市更適宜人居所付出的努力，有許多可供我們學習的地方。

你也許會以為，像哥本哈根這麼一座陰寒多雨的北方首都，必然不免導致居民滿心憂鬱。這裡的稅金高得驚人：高收入階層的稅率高達百分之五十九，半數的稅收都歸市政府所有。所幸，丹麥人懂得怎麼享受生活——他們要不是成天忙著吞雲吐霧、狂喝牛飲、往嘴裡猛塞滿是奶油的烘焙食品，他們搞不好會是全世界最健康的民族。就目前來看，至少他們似乎是最快樂的民族。每當社會學家針對人生滿意度進行國際性調查，丹麥人總是名列前茅。不僅如此，丹麥人的快樂程度在過去二十年來還持續提升，美國卻是停滯不前。儘管如此，你不會聽到許多丹麥人吹噓他們的健康與福祉。哥本哈根的居民彷彿發現到在都市生活中達到快樂滿足的公式，接著便決定出外好好享受一番。

在我待在哥本哈根的最後幾晚，我把一瓶酒放在背包裡，騎車到諾波街拜訪我在一名好友的婚禮上結識的一對夫妻。梅布莉特出生於丹麥，但他的丈夫強恩在十年前才從加拿大移民過來。看著他們的孩子在地板上玩耍，我於是問他們對丹麥人的快樂這項議題有什麼看法。如同所有謙遜的丹麥人，梅布莉特只笑了一聲，聳了聳肩，但強恩卻有一套看法。

「我跟你說，自從我們搬到這裡，我一天上下班就騎了大約二十英里的單車，」他說：「梅布莉特從小就習慣騎單車當做交通工具。在又冷又黑的時候，克服這樣的挑戰會讓人很有成就感。在哥本哈根，大家都以能在各種天氣當中騎車為傲。我知道這麼說聽起來太過簡化，但我真的認為丹麥人會覺得快樂，就是因為他們經常騎腳踏車。騎車絕對有助於讓人感到健康。每天出門從事一點運動——不曉得為什麼，這件小事卻造成極大的不同。」

如果說騎單車是促成丹麥人快樂的祕訣之一，那麼我一點也不意外。儘管在我待在哥本哈根的期間，當地氣溫從沒高過攝氏八度，我騎了一星期的單車之後，卻覺得身心都得到充分的放鬆，彷彿到熱帶海灘上度了個假一樣。在我這輩子騎單車的經驗裡，總不免覺得自己在城市裡是個毫不受重視的對象，是個別人勉強容忍的討厭鬼，必須採取送貨員那種打游擊般的騎車方式，才能在無預警開啟的車門與突然偏離車道的計程車之間鑽出一條生路。但在哥本哈根，我開始覺得我們這些單車騎士彷彿是腳程迅速的小型哺乳動物，而汽車則是城市裡少數僅存的巨型爬蟲類，注定步上與梁龍相同的命運。

只可惜，哥本哈根症候群也有一項缺點：你一旦愛上了這裡，對其他城市就不免看不上眼。一旦搭乘過歐洲的高速列車、造訪過世界上第一座後汽車時代的城市之後，我不禁意識到北美洲人的頭腦有多麼陷溺於二十世紀的老舊想法當中。對於汽車的依賴是一種惡性循環：你要是住在蔓延型都市當中，開了一輩子的車，那麼等你走到人生盡頭，你也就只能開車了。（反向的推論也同樣成立：你一天花愈多時間走路以及騎單車——或是爬幾層樓梯——則可能會愈發健康。丹麥人的肥胖率就比美國人低了三倍。）要擺脫塞車與污染，幾可確定必得花費數十億美元興建大眾運輸與城際鐵路。不過，要啟動都市轉變的良性循環也可以非常簡單，只需模仿丹麥人已經從事好一陣子的活動即可。

這個活動也就是跳上一部單車，開始奮力向前踩。

1 寇維安德森以抱持反對戴單車安全帽的爭議性立場著稱——他的網站上只看得到一頂安全帽，不但倒放著，而且裡面還裝滿了冰塊與啤酒。他認為提倡戴安全帽即是將強調重點放在騎單車的危險性上，並且舉例證明強制戴安全帽的法規不免導致單車騎乘率大幅下滑。當然，哥本哈根不但將單車道與馬路區隔了開來，而且眾多的單車騎乘人數也有人多勢眾的安全效果，因此這裡戴安全帽的單車騎士不到十分之一。在我的家鄉蒙特婁，由於單車騎士遠少於汽車駕駛人，因此我不但夏季通常會戴安全帽，冬季更是騎車必戴。

2 單速自行車是輕量化的單車，而且通常沒有煞車，在美國城市備受快遞員所喜愛。單車交通客鄙夷單車道，抱持著自殺性的信念，認為單車應該要和汽車一樣，在繁忙的街道上占據一整條車道。